RICHARD BUNDUKI
Pathy MAKOYI

# A ética dos tempos modernos

RICHARD BUNDUKI
Pathy MAKOYI

# A ética dos tempos modernos

## Considerações éticas na investigação: uma abordagem multidimensional

ScienciaScripts

Cover image: www.ingimage.com

This book is a translation from the original published under ISBN 978-620-6-72812-2.

Publisher:
Sciencia Scripts
is a trademark of
Dodo Books Indian Ocean Ltd. and OmniScriptum S.R.L publishing group

120 High Road, East Finchley, London, N2 9ED, United Kingdom
Str. Armeneasca 28/1, office 1, Chisinau MD-2012, Republic of Moldova, Europe
Managing Directors: Ieva Konstantinova, Victoria Ursu
info@omniscriptum.com

Printed at: see last page
**ISBN: 978-620-8-50974-3**

## Resumo

Este livro explora aspectos críticos da ética e da metodologia de investigação em vários estudos distintos. O tema geral é a procura de uma prática de investigação rigorosa, fiável e eticamente sólida, particularmente nas ciências sociais e na saúde pública. Os artigos destacam sistematicamente as complexidades e os desafios envolvidos na consecução destes objectivos, defendendo abordagens diferenciadas que consideram tanto os quadros teóricos como as aplicações práticas.

A primeira parte procura identificar as lacunas da investigação e as implicações para a investigação futura. Examina as diferenças entre as abordagens francesa e inglesa da investigação, salientando as limitações de se basear exclusivamente em métodos qualitativos ou quantitativos. Os autores salientam o impacto dos factores socioeconómicos, incluindo o financiamento e o acesso aos recursos, nos resultados da investigação. Sublinham a necessidade de ultrapassar uma dicotomia simplista e de adotar abordagens de métodos mistos para aumentar a validade e a fiabilidade da investigação. A influência das tecnologias em evolução, como a IA e a Internet, é discutida como uma potencial solução para as deficiências existentes e como uma fonte de novas considerações éticas.

A segunda parte centra-se nos benefícios e desafios da utilização da triangulação na investigação. Os autores apresentam uma análise pormenorizada das suas aplicações em abordagens qualitativas, quantitativas e de métodos mistos. Destacam os benefícios da triangulação para melhorar a validade, a credibilidade e a robustez dos resultados da investigação, reconhecendo simultaneamente as barreiras metodológicas e as considerações relativas aos recursos. A secção sublinha a complexidade da integração de múltiplas fontes de dados e métodos, mas destaca o aumento global da robustez dos resultados quando efectuada corretamente.

A terceira parte centra-se nas considerações éticas envolvidas na manutenção da confidencialidade, integridade e direitos dos participantes na investigação científica. Traça o contexto histórico da ética na investigação, salientando a necessidade de consentimento informado, de proteção dos participantes e de evitar preconceitos. Esta secção examina as implicações éticas das novas tecnologias, como a IA, para a recolha e análise de dados, reforçando a importância de orientações e protocolos actualizados. Os autores chamam a atenção para a possibilidade de os avanços tecnológicos criarem novos dilemas éticos, exigindo uma abordagem proactiva e vigilante das práticas de investigação responsáveis.

A quarta parte analisa as políticas de remuneração no sector da saúde pública na RDC e o seu impacto na qualidade dos serviços. Examina as lacunas entre a política e a prática, identificando um fosso significativo entre os objectivos políticos pretendidos e os resultados reais. Utilizando uma abordagem de métodos mistos, a investigação salienta a necessidade crucial de uma remuneração justa e transparente para garantir o bem-estar dos profissionais de saúde e melhorar a qualidade dos serviços. O estudo destaca a complexa interação entre os factores económicos, políticos e sociais que influenciam esta questão.

Em resumo, esta coleção de documentos de investigação contribui significativamente para a compreensão e o avanço das práticas de investigação responsável. Salienta a necessidade de uma abordagem multidimensional que tenha em conta o rigor metodológico, as considerações éticas e as realidades socioeconómicas. Os diversos métodos e tópicos de investigação explorados nesta compilação reforçam a importância de uma abordagem crítica e auto-reflexiva da investigação, defendendo uma vigilância contínua nos esforços para melhorar as normas éticas e metodológicas da investigação em várias disciplinas.

# Introdução

Esta compilação de artigos de investigação explora o panorama multifacetado das considerações éticas e metodológicas na prática de investigação contemporânea, com especial incidência nas ciências sociais e na saúde pública. O tema abrangente que une estes diversos estudos é a procura de uma investigação rigorosa, fiável e eticamente informada que contribua significativamente para o conhecimento, mantendo os mais elevados padrões de integridade e responsabilidade. Os artigos aqui apresentados abordam coletivamente os desafios críticos e as complexidades enfrentadas pelos investigadores na consecução destes objectivos ambiciosos.

A tensão inerente entre a procura de conhecimentos e o imperativo ético de proteger os sujeitos humanos é um tema recorrente nestes estudos. Embora o avanço do conhecimento continue a ser um objetivo central, as considerações éticas que envolvem as metodologias de investigação e as suas implicações para os participantes são constantemente trazidas à tona. Esta importância reflecte uma sensibilização crescente para a possibilidade de os preconceitos, tanto conscientes como inconscientes, influenciarem os resultados da investigação e para o profundo impacto que esta pode ter nos indivíduos e nas comunidades. Os artigos exploram o delicado equilíbrio que os investigadores devem encontrar entre uma investigação rigorosa e a salvaguarda da dignidade e do bem-estar humanos.

Além disso, os estudos ilustram coletivamente as limitações das abordagens simplistas da investigação. É sublinhada a inadequação de depender exclusivamente de métodos qualitativos ou quantitativos, defendendo-se uma abordagem mais matizada e sofisticada, como as estratégias de investigação com métodos mistos e a triangulação. Esta ênfase no pluralismo metodológico reconhece a complexidade dos fenómenos sociais e a necessidade de adotar múltiplas perspectivas para garantir resultados sólidos e fiáveis. Os artigos demonstram que uma compreensão abrangente exige frequentemente a integração de diversas fontes de dados e técnicas de análise.

Além disso, a investigação aqui apresentada tem um interesse ativo na evolução do panorama tecnológico e nas suas implicações para a prática da investigação. A crescente disponibilidade e utilização de tecnologias poderosas, incluindo a inteligência artificial e os grandes volumes de dados, exige uma reavaliação das diretrizes éticas estabelecidas e o desenvolvimento de novos protocolos para garantir a recolha, análise e interpretação responsáveis dos dados. São abordadas as dimensões éticas da IA na investigação, alertando para potenciais enviesamentos e para a necessidade de transparência e responsabilização na utilização destas ferramentas poderosas.

Por último, a inclusão de um estudo de caso sobre políticas de remuneração no sector da saúde pública na RDC realça as implicações práticas das considerações éticas e metodológicas. A investigação destaca o impacto significativo dos factores socioeconómicos nos resultados da investigação e a necessidade de abordar estas disparidades na conceção dos projectos de investigação. A investigação sublinha o imperativo de garantir a equidade e a justiça na prática da investigação, demonstrando como os quadros teóricos discutidos ao longo da compilação se traduzem em consequências tangíveis e concretas. Esta coletânea é, assim, um recurso valioso para investigadores, decisores políticos e todos os que se preocupam com a conduta ética e metodológica da investigação.

Na sua essência, esta coleção de estudos oferece uma exploração rica e multifacetada das questões cruciais que a investigação contemporânea enfrenta. Salienta a necessidade de um diálogo permanente e de uma reflexão crítica sobre os desafios éticos e metodológicos que os investigadores enfrentam ao navegar na paisagem cada vez mais complexa da investigação e da tecnologia. Apela a um empenhamento em práticas de investigação rigorosas, éticas e socialmente responsáveis que beneficiem tanto a humanidade como o avanço do conhecimento.

# Identificação de lacunas de investigação para o futuro

# investigação futura

## 1. Introdução

Do ponto de vista da observação geral, qualquer estrutura, mecanismo ou sistema de gestão tem um ritmo de funcionamento que é relativo a cada sector.

Partindo dos factos existenciais (passado) e através da nossa observação, podemos detetar de uma nova forma as forças que são variáveis independentes (X) presentes e que têm uma influência positiva no modelo esperado (Y) que representa as fraquezas a melhorar. Como salienta Grawitz Madeleine no seu livro: Méthodes des sciences sociales, "*A tarefa não é contemplar o que ninguém contemplou ainda, mas meditar como ninguém meditou ainda sobre o que todos têm diante dos olhos*". (Grawitz, M., 1993)

E, na sequência desta deteção, estabelecer um diagnóstico (teoria) relativo a uma ou mais deficiências que requerem um reajustamento ou uma atualização para um desempenho mais eficaz.

Para atingir este objetivo, é necessário examinar as lacunas identificadas, mas sobretudo propor métodos paliativos fiáveis e válidos (inovações) que possam ser apoiados, a fim de os remediar para um melhor desempenho.

Tal como sustentado na teoria dos autores Müller-Bloch & Kranz, que estipulam que: "*Qualquer projeto de investigação deve, de uma forma ou de outra, abordar uma lacuna, ou seja, tentar preencher uma lacuna de informação na literatura. Caso contrário, não se trata de investigação nova e, por conseguinte, não contribui para os objectivos gerais da ciência*". (Müller-Bloch & Kranz, 2015).

A fim de contribuir para os objectivos gerais da ciência, analisaremos, portanto, as abordagens das normas para as comunicações e publicações científicas em dois gigantes linguísticos, nomeadamente a França e os Estados Unidos da América.

## 2. Abordagem francófona

Note-se que esta norma revolucionou a investigação científica, concedendo bolsas de estudo aos investigadores e dando-lhes acesso a acordos de formação em investigação industrial. Isto contribuiu para abrir este domínio à categoria socioeconómica. Para além dos seus benefícios, esta norma de investigação científica é descrita como sendo mais orientada para a investigação dita "*qualitativa*", porque é de longo prazo, uma vez que a recolha, a análise e o tratamento de dados primários requerem mais tempo para estabelecer a validade e a fiabilidade antes de publicar resultados considerados irrefutáveis de acordo com normas pré-estabelecidas (Müller-Bloch & Kranz, 2015).

## 3. Abordagem anglófona.

Além disso, de acordo com as normas de investigação americanas, o acesso a bibliotecas e bancos de dados simplifica a tarefa dos investigadores. Isto contrasta fortemente com os procedimentos franceses, que se baseiam num trabalho de campo moroso e incompatível com as exigências americanas.

Como o inglês se tornou uma língua mundial, a sua adoção como tal não deve influenciar os princípios da investigação, mas, enquanto instrumento de comunicação, deve favorecer a propensão para outras investigações que respeitem as normas, independentemente da sua língua de publicação. Além disso, o aspeto socioeconómico praticado pela abordagem anglófona não deve tornar-se a pedra angular e a condição sine qua non para que os dados sejam qualificados como fiáveis e válidos. (Michel, B., 2004).

Assim sendo, a fim de identificar e traçar as implicações da investigação futura, identificaremos as lacunas da investigação efectuada com estas duas abordagens.

## 4. Lacunas ou omissões na investigação.

Com base nas leituras complementares, verificámos que existiam lacunas convincentes nas duas abordagens, em inglês e em francês, e isto de forma sistemática nos 7 aspectos das lacunas, que são: *"Lacuna de evidência, lacuna de conhecimento, lacuna de conhecimento prático, lacuna metodológica, lacuna empírica, lacuna teórica, lacuna populacional"* (Müller-Bloch & Kranz, 2014).

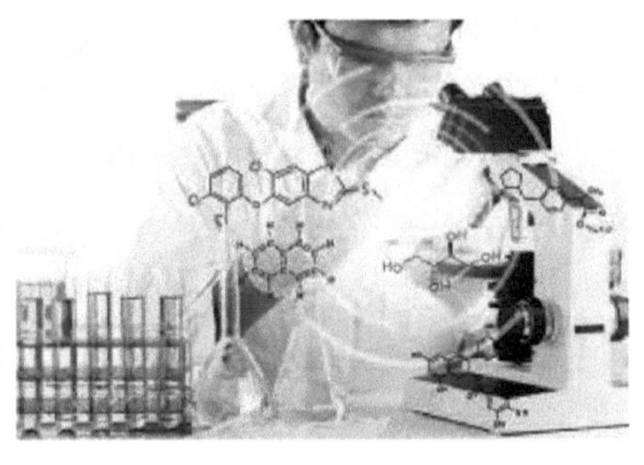

Verificamos que as conclusões alcançadas e amplamente aceites no passado foram contrariadas por novos resultados da investigação, embora vários séculos mais tarde.

Mas agora, com o advento da Internet e da inteligência artificial (IA) e a sua utilização na investigação científica e na gestão, este tipo de lacunas pode ser colmatado num curto espaço de tempo através da automatização de tarefas repetitivas, libertando o tempo dos investigadores para se concentrarem em actividades cognitivas de nível superior.

## 5. Implicações para a investigação futura.

Como qualquer investigador, não podemos falar do futuro sem questionar a história. É importante lembrar que a investigação está sujeita a contextos particulares, incluindo as influências do tempo (a época) e do ambiente (***nível de compreensão, crenças e convicções, normas sociais e comunitárias***), consoante a investigação seja vista como um meio de melhorar a sociedade ou não. Mas também: a investigação é um tema de interesse para os profissionais? O pensamento crítico é aceite ou não? É abordando este aspeto que podemos informar melhor a nossa investigação para o futuro.

Durante séculos, muitos investigadores foram valorizados pela sua sociedade ou rejeitados por ela. Em **1642, Galileu Galilei**, também conhecido por ***Galileu***, foi assassinado por ter apoiado uma tese copernicana existente, para a qual tinha desenvolvido uma teoria que afirmava que a Terra gira sobre si própria e em torno do Sol.

Podemos, portanto, constatar que a investigação é também influenciada pelo ambiente "***político, mediático, socioeconómico e cultural***", resultando numa sociedade em que o pensamento crítico não era aceite nessa época e os investigadores eram condenados à morte (Ferrand, F., 2018).

A desconfiança em relação à vacinação não é nova nem imutável: já no século XIX, em França, a criação do Instituto Louis Pasteur provocou uma forte oposição na sequência das suas experiências de investigação, nomeadamente no que se refere à experimentação animal: - experimentação animal. Para alguns investigadores, este é um dos sinais precursores da atual refutação da "Big Pharma" (Crié, D., 2022).

De facto, após um estudo comparativo das normas de investigação derivadas das abordagens anglófona e francófona, a nossa análise das implicações da investigação futura deve ter em conta os seguintes aspectos: uma comparação das conclusões da investigação derivadas da abordagem "*qualitativa*" resultante dos dados primários com as dos estudos secundários derivados da abordagem "*quantitativa*" referente a bibliotecas e bancos de dados, com o interesse de reduzir consideravelmente as lacunas e refutações após a investigação. Esta comparação implicará uma síntese da literatura, a consulta dos inquiridos, a consulta dos públicos, os pedidos de informação dirigidos aos investigadores e, por fim, um relatório de avaliação e de análise contextual.

Não podemos falar das implicações da investigação sem mencionar a utilização da Internet e da inteligência artificial (IA) na investigação científica.

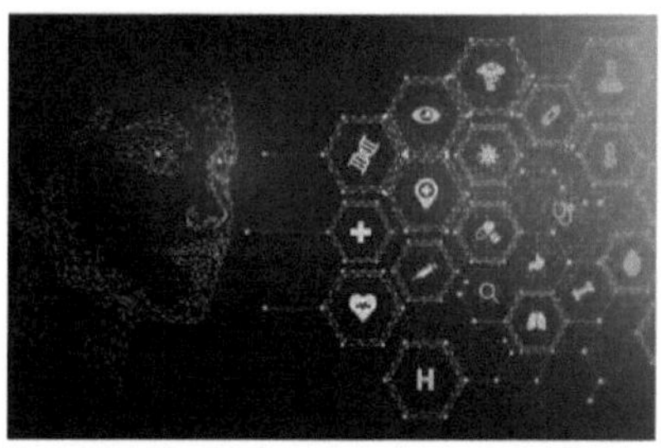

A utilização destas ferramentas revolucionou o domínio da investigação, facilitando aos investigadores a gestão de grandes quantidades de dados, a extração de informações relevantes e a realização automática de tarefas repetitivas.

Consequentemente, a adoção destas ferramentas poderosas pelos investigadores deve ser feita mantendo um equilíbrio entre o engenho humano e a automatização gerada pela Inteligência Artificial, sem esquecer as limitações que estas ferramentas podem ter, mas também as implicações da ética na investigação, nomeadamente "*Enviesamento e equidade dos dados, Privacidade e proteção dos dados, Transparência e interpretabilidade, Reprodutibilidade e robustez, Propriedade intelectual e titularidade, Prestação de contas e responsabilidade, Impacto social e deslocação de postos de trabalho, Dupla utilização e utilização indevida*" (Abbadia, J.,2023). Sabendo que as conclusões de toda esta investigação terão de ser significativamente amplificadas pelos meios digitais, utilizando línguas com grande audiência para uma comunicação diversificada.

## 6. Conclusão.

O objetivo da investigação é esclarecer e atualizar informações antigas, trazer à luz novas descobertas, hipóteses e teorias, a fim de elevar o nível científico e compreender melhor o mundo que nos rodeia. Consiste em aumentar, enriquecer e/ou clarificar os nossos conhecimentos.

## Referências

Abbadia, J. (2023, 06 27). *mindthegraph.com.* Recuperado de WWW.mindthegraph.com: https://mindthegraph.com/blog/fr/ai-dans-la-recherche-universitaire/#:~:text=Elle%20peut%20automatiser%20les%20t%C3%A2ches, m%C3%AAme% 20la%20r%C3%A9daction%20de%20manuscrits.

Berry, M. (2023, janeiro). *Periódicos de interesse geral - França.* Recuperado de www.proquest.com: https://www.proquest.com/newspapers/la-recherche-en-gestion-doit-escapeaux/

Crié, D., al (2022, 05 02). *lejdd.fr.* Recuperado de www.lejdd.fr: https://www.lejdd.fr/Societe/defiance-desinformation-pourquoi-lopposition-au-vaccin-anti- covid-continue-malgre-la-levee-du-passe-4109032

Ferrand, F. (2018, 08 de janeiro). *europe1.fr.* Recuperado de www.europe1.fr: https://www.europe1.fr/emissions/Aujourd-hui-dans-l-Histoire/8-janvier-1642-la-mort-de- galileo-galilei-dit-galilee-3539747

Grawitz, M., & Al., &. (1994). Méthodes des sciences sociales, Paris. *L'Homme et la société Année*, pp. 111-112; 198-199.

Madeleine Grawitz (n.d.).

Mialaret, G. (2004). Finalidades gerais da investigação científica. *Presses Universitaires de France*, 18-21.

Müller-Bloch, C. &. (2014). Framework for Rigorously Identifying Research Gaps in Qualitative Literature Reviews, The Thirty Sixth International Conference on Information Systems, Fort Worth. *Framework for Rigorously Identifying Research Gaps in Qualitative Literature Reviews,,* 1-19.

Müller-Bloch, C. &. (2015). A framework for rigorously identifying research gaps in qualitative literature reviews [Um quadro para identificar rigorosamente lacunas de investigação em revisões qualitativas da literatura]. *A framework for rigorously identifying research gaps in qualitative literature reviews*, 1-19.

# Identificação dos benefícios associados à triangulação na investigação

## 1. Introdução

A história da triangulação remonta ao século XV, uma abordagem inventada pelo matemático, arquiteto e pintor renascentista ***Leon Battista Alberti***, que foi um dos primeiros a demonstrar um método ilustrativo para determinar distâncias. O objetivo deste estudo é definir a distância entre dois pontos utilizando a teoria de Tales. (futura- sciences.com, 2023)

No entanto, esta abordagem triangular inicial não era tão válida ou fiável como a forma esférica do planeta.

Hoje em dia, o famoso ***matemático*** **Legendre** actualizou esta teoria e, graças à sua atualização, assistimos ao desenvolvimento de satélites e radares, o que torna a análise de distâncias muito menos aproximada, mas a triangulação continua a ser a base de todo o raciocínio sumário de distâncias.

Para tal, a expansão desta abordagem à nossa era de triangulação é vista pelos investigadores como uma forma de *"implementar várias abordagens de recolha de dados para o estudo de fenómenos sociais. A abordagem de métodos múltiplos tenta assim compreender a complexidade dos problemas estudando-os de mais do que um ponto de vista".* (Sawadogo, 2020).

A partir do exposto, vamos identificar as vantagens da triangulação nas principais linhas de investigação que constituíram os pontos de melhoria que conduziram às teorias evolutivas da triangulação através das etapas seguintes.

## 2. Vantagens da triangulação.

O objetivo da triangulação é determinar a validade dos conhecimentos adquiridos através da investigação, uma vez que a validade e a cientificidade estão intrinsecamente ligadas à triangulação.

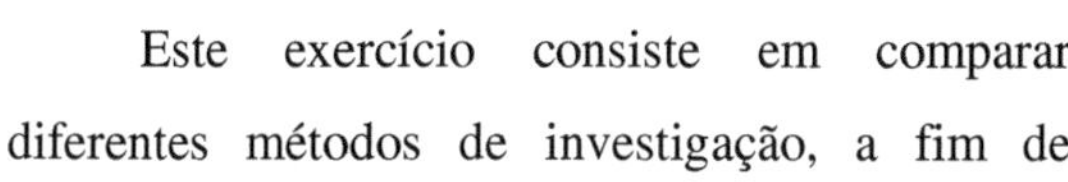

Este exercício consiste em comparar diferentes métodos de investigação, a fim de favorecer a estabilidade e a precisão das análises efectuadas e de compensar as lacunas de cada abordagem através da fusão dos dados provenientes dos diferentes instrumentos de recolha, a fim de garantir a fiabilidade dos resultados (Savoie-Zajc, 1996b).

Desta forma, os resultados obtidos podem ser utilizados para corroborar dados recolhidos de diferentes fontes, simplificando assim o efeito dos dois desvios sistemáticos e aleatórios que podem ocorrer num destes estudos.

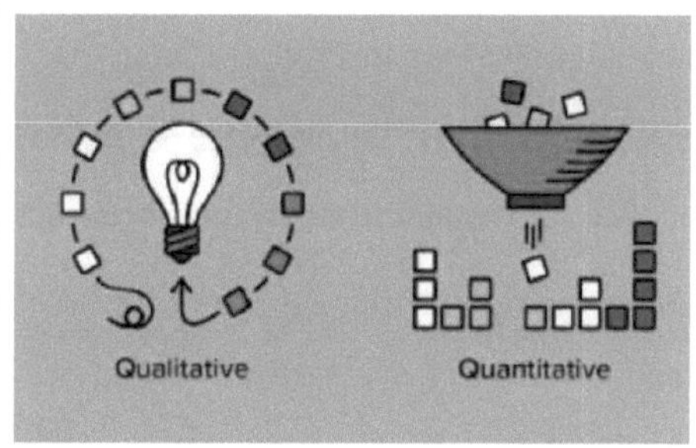


Baseada em fontes de dados pré-existentes (abordagem quantitativa), a triangulação permite uma compreensão rápida um fenómeno e simplifica a tomada de decisões em tempo útil e de forma adequada.

É de salientar que a abordagem de triangulação aproveita os vários privilégios das abordagens para proporcionar um maior detalhe e profundidade na análise dos dados (***qualitativa)***, de forma a conseguir uma distribuição equilibrada (***construtiva***) e uma dimensão de amostra sociodemograficamente distinta dos inquiridos (***quantitativa)***, colmatando assim as fragilidades de cada uma das abordagens através da complementaridade entre elas.

## 2.1. Vantagens da triangulação qualitativa

A combinação da investigação qualitativa com a abordagem de triangulação tem várias vantagens, proporcionando aos investigadores uma análise e um exame mais completos do fenómeno estudado, uma vez que o próprio investigador é um interveniente importante nas questões colocadas durante o estudo. Além disso, consolida e reforça a validade e a credibilidade dos resultados da investigação, ao comparar os resultados fiáveis esperados. Além disso, ajuda a ultrapassar as limitações de qualquer fonte de dados ou metodologia abordada de forma singular. (fastercapital.com, 2023)

A título de exemplo, a triangulação através de uma abordagem de investigação qualitativa pode assumir a forma de um estudo experimental da gestão dos recursos humanos de um estabelecimento bem definido num sector específico com impacto social. Para o efeito, o investigador pode recorrer a fóruns de discussão e a entrevistas para compreender melhor as preocupações dos beneficiários, comparando-as com as suas expectativas, de acordo com a investigação existente sobre a cultura deste meio.

## 2.2. Vantagens da triangulação quantitativa

Ao contrário da triangulação com uma abordagem qualitativa, que é subjectiva por natureza, a utilização do método quantitativo recorre a dados estatísticos digitalizados em grande escala, o que pode facilitar a análise de diversas variáveis em tempo recorde, a um custo mais baixo, utilizando dados pré-existentes ***(históricos)*** armazenados em bases de dados ou baseados em documentação existente em bibliotecas.

Este exame é efectuado através de entrevistas, observação e *grupos de reflexão*. Note-se que a objetividade da abordagem quantitativa torna os seus resultados geralmente mais precisos do que os do método qualitativo, devido à sua especificidade, que se centra no tratamento e na análise de certas questões de investigação e permite prever certos comportamentos. (en.surveymonkey.com, 2024).

### 2.3. Vantagens da triangulação utilizando o método misto.

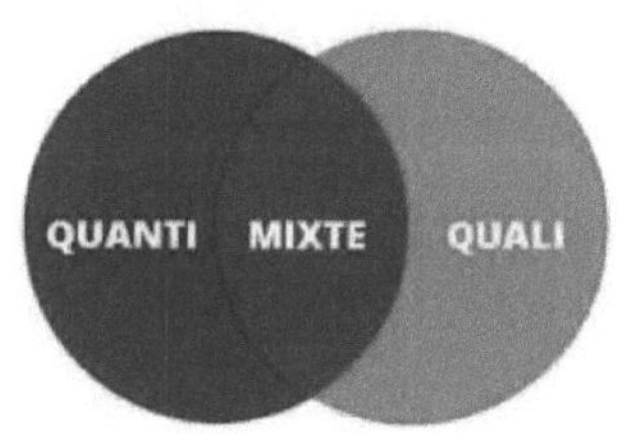


Antes de iniciar um estudo de investigação, é particularmente importante determinar a prioridade relativa de cada tipo de dados em caso de resultados contraditórios. E, no caso da abordagem mista, as concepções podem variar em função do nível de integração dos dados qualitativos e quantitativos.

E a triangulação de métodos mistos consiste em fundir o método qualitativo com o método quantitativo com base nos dados quantitativos, utilizando uma ficha de identificação.

Com este método, pretendemos tirar partido das múltiplas vantagens destas duas abordagens:

- mais profundidade, mais pormenor.
- métodos quantitativos para determinar as caraterísticas sociodemográficas dos inquiridos e a dimensão da amostra.

Ao simplificar os pontos fracos de cada um através da complementaridade do outro, a validade do estudo pode ser reforçada se os resultados da investigação forem corroborados.

No entanto, existem desvantagens associadas ao consumo de recursos e à incapacidade de uma recolha de dados para informar a outra (Halcomb e Andrew, 2009).

## 3. Lacunas metodológicas na triangulação

De um ponto de vista metodológico, com base na nossa análise transversal da triangulação, pudemos identificar um certo número de lacunas metodológicas que tornam a utilização da triangulação complexa, incluindo a inexistência de uma fórmula comum que possa ser aplicada a todas as abordagens.

Podemos também sublinhar o carácter oneroso deste exercício, que leva a que os dados sejam recolhidos separadamente e, por vezes, com resultados contraditórios. Os autores Halcomb e Andrew salientam que este tipo de lacunas é demorado e, sobretudo, que varia em função da prioridade dos dados recolhidos, sejam eles quantitativos ou qualitativos. Por outro lado, constatamos que quando a triangulação é aplicada às análises explicativas, os investigadores utilizam dados quantitativos (existentes)

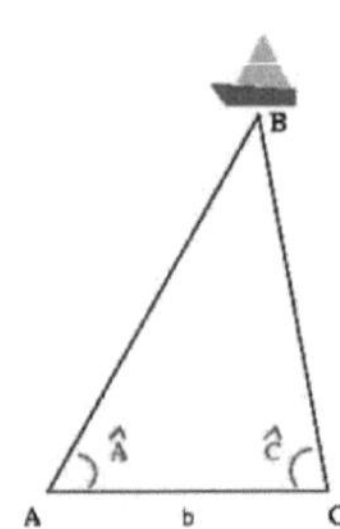


Note-se que os estudos de investigação requerem a identificação de pessoas com as competências necessárias susceptíveis de fazer avançar o projeto de investigação em geral e, em particular, no caso da investigação académica, requerem um bom número de competências necessárias, tendo em conta a limitação de tempo, tal como os requisitos da ética na gestão de projectos requerem. *"recursos financeiros/custos, tempo e gestão de dados"* (Halcomb e Andrew, 2009).

De facto, como salienta Edyburn (1999), *"a era do investigador isolado no seu atelier parece ter terminado definitivamente. A investigação baseia-se cada vez mais em equipas inter-universitárias, interdisciplinares e internacionais".*

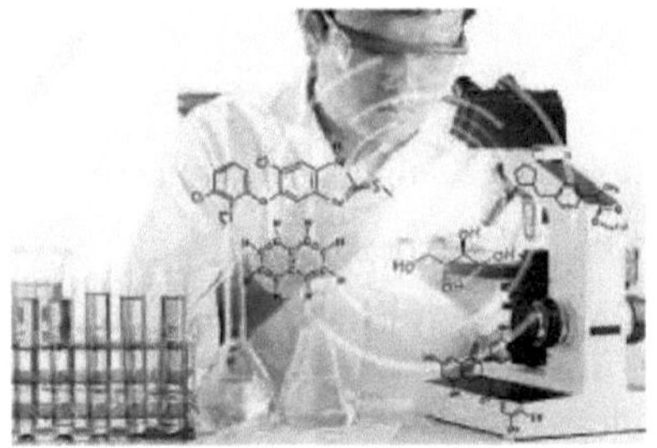

Desde o início da ciência moderna, os perigos de uma ciência sem consciência e a necessidade de uma "*ética da investigação*" foram salientados (Conseil national du développement des SHS, (2001), pelo que esta noção não tem nada de radicalmente novo. Constatamos que os investigadores têm dificuldade em alinhar-se com os requisitos éticos e em fornecer-nos uma pista de auditoria clara e bem desenvolvida e explicações pormenorizadas sobre as decisões tomadas ao longo do processo de investigação, o que continua a ser um grande desafio para os investigadores na publicação dos seus trabalhos.

## 4. Pontos de melhoria da triangulação.

Hoje em dia, com a evolução da Internet e a utilização quotidiana das suas funcionalidades, em particular das NTIC e da IA, a combinação das faculdades humanas com o desempenho das máquinas, a começar pelos seus componentes, permite a absorção e a interpretação de grandes quantidades de dados em tempo recorde, facilita a tomada de decisões compostas e permite recolher e armazenar grandes quantidades de dados:

- *"Sistemas informáticos;*
- *Dados com sistemas de gestão;*
- *Algoritmos avançados de IA (código)".*

Para reduzir a diferença entre os resultados gerados por estas ferramentas, estas necessitam de uma quantidade suficiente de informação por parte dos seres humanos, uma vez que estes têm uma elevada velocidade de análise e processamento de informação. (netapp.com, 2024)

Em conclusão, a utilização das novas tecnologias da informação e da comunicação (NTIC) e da Inteligência Artificial (IA) está a revolucionar o mundo da investigação científica, graças a uma maior comunicação e colaboração, tornando-as parte integrante do processo de investigação científica na era atual.

## Referências

Andrew, S., & Halcomb, E. J. (2009). *Mixed methods research for nursing and the health sciences, Londres; Inglaterra, Wiley-Blackwell.* Recuperado de www.wiley.com :
https://www.wiley.com/en-br/Mixed+Methods+Research+for+Nursing+and+the+Health+Sciences-p-9781405167772

Conselho Nacional para o Desenvolvimento de Sistemas de Saúde, . (2001). IV. A ética da investigação nas ciências humanas e sociais. In: Conselho Nacional para o Desenvolvimento das Ciências Sociais e Humanas, Para uma política das ciências do homem e da sociedade: Recueil des travaux (1998-2000). *Presses Universitaires de France Paris cedex 14*, 93-114.

Edyburn, D. L. (1999). *go.gale.com.* Recuperado de www.go.gale.com: https://go.gale.com/ps/i.do?id=GALE%7CA100878432&sid=googleScholar&v=2.1&it=r&linka ccess=abs&issn=07319487&p=AONE&sw=w&userGroupName=anon%7E9d38a91b&aty=ope n-web-entryfastercapital.com. (2023, 12 de dezembro). *fastercapital.com.* Recuperado de www.fastercapital.com: https://fastercapital.com/fr/contenu/Triangulation--renforcement-des-results-of-qualitative-analysis.html#:~:text=Há%20quatro%20tipos%20principais, várias%20fontes%20de%20dados%C3%A9es%20para

pt.surveymonkey.com. (2024). *pt.surveymonkey.com.* Recuperado de www.fr.surveymonkey.com: https://fr.surveymonkey.com/mp/quantitative-vs-qualitative-research/

futura-sciences.com. (2023). *futura-sciences.com.* Recuperado de www.futura-sciences.com: https://www.futura-sciences.com/planete/definitions/geographie-geodesie-4429/netapp.com. (2024). *netapp.com.* Recuperado de www.netapp.com:

https://www.netapp.com/fr/artificial-intelligence/what-is-artificial-intelligence/
Sawadogo, H. P. (2020, fevereiro). les logiques sociales de la pratique de la mendicité par des mères de jumeaux dans la ville de Ouagadougou. Cidade do Quebeque, Quebeque, Canadá.

# Acções a tomar para manter Confidencialidade, integridade, etc. pelos investigadores

## 1. Introdução

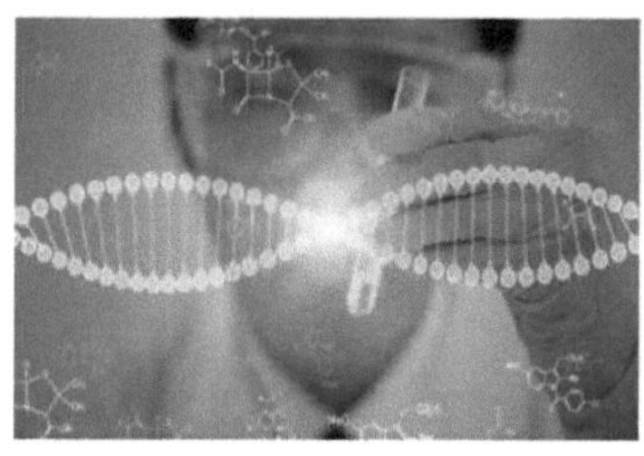

Desde o início dos tempos, desde os estudos antropológicos (*ciências naturais*) até à era digital e ao advento da Inteligência Artificial (IA), a preocupação com a segurança dos participantes na investigação científica esteve sempre no centro dos académicos.

Para o efeito, foi criado um organismo regulador para prosseguir os interesses que salvam vidas e também para atuar como um tribunal para os pedidos de aprovação e de ética. Este órgão é responsável por salvaguardar a integridade psicológica e física, bem como os direitos das pessoas envolvidas na investigação, com vista a orientar as várias áreas de investigação.

É de salientar que este processo é um imperativo para todos os investigadores, uma vez que se trata de uma posição metafísica relativa à participação consentida do ser humano (o inquirido) no estudo, com base numa escolha livre e informada, tal como especificado em 2018 por Lambert-Chan, M. no seu artigo *"**Petit guide de survie des étudiants**"*, que afirma: *"A partir do momento em que a investigação que envolve seres humanos é realizada, é necessário o parecer favorável de um comité de ética em investigação (REC) antes de os participantes poderem ser recrutados"* (Lambert-Chan, M., 2018).

É de salientar que, no contexto atual, os valores éticos da investigação científica e da tecnociência se baseiam na tecnologia, o que minimiza o carácter imperativo da ética, tornando-a um complemento do processo de investigação, com o risco de provocar consequências nefastas para a humanidade . Para não falhar na sua missão de investigação, o comité de ética deve promover uma transição geracional dos valores éticos, mas manter uma abordagem autêntica com o objetivo de assegurar que o questionamento ético permanece no centro do processo e do trabalho científico, e não no centro da sua atividade, a fim de garantir a confidencialidade e a proteção dos inquiridos. Tal como proposto por (Larochelle, Y., 2007).

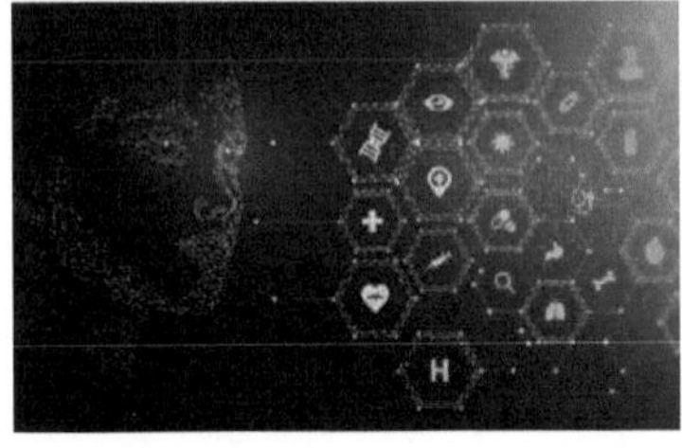

Ao longo dos tempos, foram efectuadas várias experiências científicas questionáveis em pessoas sem ter em conta o seu consentimento, a sua vulnerabilidade ou mesmo o seu estado psicológico. (deficientes, doentes, menores, etc.).

Fazendo referência à célebre frase de Balzac do século XIX: "Não se faz uma omeleta sem partir alguns ovos", o autor utilizou esta linguagem colorida para significar que nada se consegue sem sacrifício, ou seja, que há inevitavelmente danos colaterais envolvidos em todos os resultados. Podemos constatar que, na utilização desta prática, era visível a ausência flagrante da noção de ética da investigação científica.

Há cerca de 5 séculos, Rabelais dizia que *"a ciência sem consciência não é mais do que a ruína da alma"*... e hoje Frédéric Vézard repete esta citação no seu editorial "***Aujourd'hui Le Parisien***", recomendando que seja gravada em letras maiúsculas à entrada de todos os laboratórios de investigação científica (Frédéric, 2017).

Tendo em conta este aspeto, o nosso trabalho irá girar em torno das acções que devem ser tomadas pelos investigadores para cumprirem os requisitos éticos estabelecidos pelos organismos responsáveis pela orientação e censura da realização de investigação, visando garantir a proteção dos dados e assegurar o anonimato *(confidencialidade)* dos inquiridos e do investigador.

Tendo em conta a revolução tecnológica e o advento da IA *(inteligência artificial),* a recolha de dados, a sua segurança e a dos participantes requerem um rigor extremo, com base no protocolo elaborado pelo Comité de Ética para a Investigação, que pretendemos contribuir para a sua construção.

## 2. Constituintes de uma ética da investigação científica.

A otimização das condições de vida está no centro da ética do progresso, e a evolução da ciência deve ser benéfica para a humanidade, uma vez que o progresso científico anda de mãos dadas com o bem-estar universal em muitos aspectos:

- **Beneficência**: o objetivo da ética na investigação é permitir que os investigadores não causem danos aos participantes, mas que aumentem os benefícios, minimizando, na medida do possível, os inconvenientes. Sabendo que a beneficência está ligada ao princípio da utilidade, o comité de ética, após uma análise aprofundada e uma censura dos riscos inerentes ao objeto de investigação, elabora recomendações destinadas a proteger o investigador e os inquiridos, o que constitui a garantia da não maleficência.

Como diz Delfosse: *"a qualidade de uma ação mede-se pelas suas consequências, próximas ou longínquas, no conjunto da vida individual e social".*

**Não maleficência:** deriva da essência do princípio da ***beneficência*** na ética da investigação e deve a sua existência ao facto de se medirem os riscos de uma experiência científica, exercício que se realiza alguns anos mais tarde, depois de os resultados dessa experiência científica terem sido tornados públicos

A sua intervenção é feita de forma retrospetiva, com o objetivo de tranquilizar e medir o impacto que a referida investigação teria tido, uma vez que é essencial saber como manter um equilíbrio entre o bem individual e o bem coletivo e, sobretudo, como fazê-los coexistir sem violar as regras da dignidade ou prejudicar o respeito devido aos seres humanos (Delfosse, 1993).

- **Respeito pelas pessoas:** mais de setenta e cinco anos após a Declaração Universal dos Direitos do Homem, esta questão vale ouro e obriga-nos a refletir sobre o assunto para determinar se ***"Os avanços científicos põem em causa a dignidade humana?"***Esta constatação foi feita em 2009 por Sylvie Bukhari-de Pontual, presidente da Fiacat, que afirmou: *"Todos os textos internacionais de proteção dos direitos do Homem se baseiam no conceito de dignidade humana. E, no entanto, a dignidade é constantemente desrespeitada, não é posta em causa, com o desenvolvimento da genética e da ciência em geral, por exemplo?* "(Pontual, 2009) Esta reflexão leva-nos a rever ou a reajustar os princípios éticos que servem de salvaguarda à investigação científica em geral e à investigação médica em particular, tendo no topo da pirâmide o princípio da dignidade humana.

Com base no nosso tema, o ser humano, no centro da investigação, deve ser considerado como um fim em si mesmo e não utilizado como um meio para

atingir um fim, como se verifica atualmente, em que a dignidade humana é cada vez mais profanada na investigação. É de notar que, para o seu desenvolvimento, a ciência tem necessidade de explorar o potencial humano, o que, por vezes, colide com o respeito concedido ao ser humano. O presidente do comité de ética do Inserm, Jean-Claude Ameisen, afirma: "*Com a ciência, existe um risco de reificação e de desumanização, porque a ciência ignora a singularidade do indivíduo. Trata-nos como objectos, enquanto nós nos sentimos como sujeitos*". (Jean-Claude, 2008 ). Sabendo que o respeito pela dignidade humana está em grande risco devido à evolução da telosciência, o processo de investigação deve refletir equidade e justiça.

- **Justiça:** este princípio põe em evidência o aspeto da igualdade (*simples probidade*), que deve ser aplicado a todos os participantes na investigação. Devem ter os mesmos privilégios, a escolha de contribuir para a investigação na mesma qualidade. Tal como solicitado pela Organização Mundial de

Saúde (OMS, 2018). Para a investigação no domínio da saúde, todos os participantes devem dispor dos mesmos recursos equivalentes para um acesso equitativo à saúde. É assim que se define equidade: "*a ausência de diferenças evitáveis ou remediáveis entre diferentes grupos de pessoas, quer sejam definidas de acordo com critérios sociais, económicos, demográficos ou geográficos*" (Loignon, 2018).

Não esqueçamos que os nossos hábitos culturais e as nossas leis foram virados do avesso pela velocidade do progresso tecnológico e pelo advento da tecnologia digital. Temos tendência para acreditar que a noção de confidencialidade dos dados nasceu ontem, mas, de acordo com um blogue publicado em fevereiro de 2020 pelo *Vice-Presidente e Diretor de Risco, Assuntos Jurídicos e Administrativos do Grupo do Banco Mundial*, foi *"em 1918 que foi assinado o primeiro tratado juridicamente vinculativo sobre a proteção da privacidade e dos dados pessoais"*. (Tafara, 2020).

Tendo em conta o que precede, a nossa contribuição como investigadores terá em conta os avanços tecnológicos para consolidar ainda mais o respeito pela dignidade humana e a aplicação efectiva das regras existentes em matéria de ética na investigação científica ou médica. É importante notar que há muitas questões em jogo na investigação, incluindo *questões práticas, intelectuais e éticas*. Por conseguinte, estamos a tomar medidas hoje sobretudo para regulamentar e garantir a proteção dos dados em nossa posse, prestando a máxima atenção aos processos de recolha, utilização, arquivo e partilha de informações pessoais.

Estas questões funcionam como pilares fundamentais que orientam os investigadores na realização do seu trabalho e no cumprimento correto do seu compromisso.

Podemos constatar :

- **Fiabilidade**: *garante a qualidade da investigação, através de uma análise cuidadosa e de uma utilização eficiente dos recursos e da metodologia.*

- **Integridade**: *é um fator que permite aos investigadores dar a conhecer o seu trabalho de forma completa, objetiva e, sobretudo, transparente.*

- **Respeito:** *pelos participantes, pelo ambiente, pela cultura e pela sociedade.*

- **Responsabilidade:** *tutoria e gestão de actividades relacionadas com a investigação, desde a iniciativa até à publicação da teoria, ou seja (organização, formação, registo).*

**3. A nossa contribuição.**

O nosso objetivo é implementar uma política que promova a manutenção de um melhor equilíbrio entre as boas práticas éticas e a redução, na medida do possível, das falhas que acompanham esta era digital em termos de confidencialidade dos dados. Para tal, a integridade científica é um meio através do qual podemos encorajar e recordar aos investigadores e às instituições que promovem a investigação o seu compromisso com a investigação científica.

Como investigadores, podemos ver que a integridade está indissociavelmente ligada à noção de respeito e dignidade humana na investigação científica, como elos de uma longa cadeia com a noção de confidencialidade (privacidade) na investigação.

As academias suíças definem a integridade como :

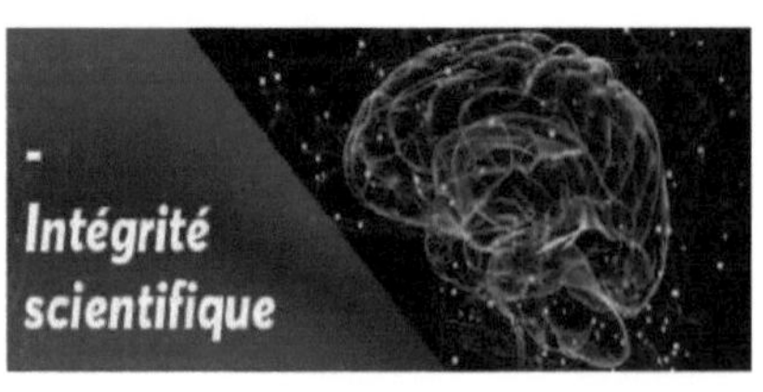


*"A integridade é um valor elevado da existência, tanto de um ponto de vista individual como social. No contexto científico, a integridade é o empenhamento pessoal dos investigadores em respeitar as regras da boa prática científica. A veracidade e a abertura, a autodisciplina, a autocrítica e a retidão são indispensáveis para um comportamento íntegro".* A partir desta definição, compreendemos que a integridade dá essência à investigação, razão pela qual uma atitude de integridade é indispensável para qualquer pessoa que participe em actividades de investigação. (academies-suisses.ch, 2008).

Tendo identificado as ameaças que pesam sobre a investigação científica no nosso tempo, as academias suíças, através dos seus eminentes professores, elaboraram um *"Memorando sobre a integridade científica"*, no qual sublinham que *"o aumento constante das tarefas administrativas, a falta de tempo, os impasses financeiros e a pressão da concorrência, bem como as mudanças sociais, podem incitar os investigadores a recorrer a meios duvidosos ou ilícitos para chamar a atenção para o seu trabalho e obter um sucesso rápido".* É por isso que, para fazer face a esta situação iminente, é necessário restringir as actividades científicas, a fim de reforçar a sua credibilidade.

## Referências

Academias Suíças (2008). L'intégrité dans la recherche scientifique Principes de base et procédures. *academies-suisses.ch*, 13-28. Retirado de www.academies-suisses.ch, info@akademien-schweiz.ch

Delfosse (1993). À la source des normes en éthique de la recherche. *Presses de l'Université de Montréal*, 51-72.

Frédéric, V. (2017, 7 de outubro). A ciência sem consciência não é senão a ruína da alma. paris, paris, frança.

Jean-Claude, A. (2008). A dignidade humana ameaçada pelos progressos da investigação. *La Croix.*

LAMBERT-CHAN, M. (2018, 23 de janeiro). *books.openedition.org*. Recuperado de www.books.openedition.org: http://books.openedition.org/pum/7690

Larochelle, Y. (2007). A ética Laval no coração das ciências naturais? *Laval théologique et philosophique,* 561-575. https://doi.org/10.7202/018176ar .

Loignon, C. (2018). Equidade na investigação. *ENGAGE.*

Pontual, S. B.-d. (2009). colóquio organizado pelo Institut catholique de Paris e a Comissão Justice et Paix de l'épiscopat - consagrado à "dignidade humana". *colóquio organizado pelo Institut catholique de Paris e a Comissão Justice et Paix de l'épiscopat - consagrado à "dignidade humana".* Paris.

Tafara, E. (2020, 07 de fevereiro). *worldbank.org..* Recuperado de www.worldbank.org: https://blogs.worldbank.org/fr/voices/proteger-la-confidentialite-donnees-numeriques

# Política de remuneração do pessoal no sector da saúde pública
# e qualidade dos serviços de saúde na RDC
# na RDC

## 1. Literatura relacionada

A remuneração de qualquer trabalho efectuado continua a ser importante. Como diz o ditado, *"Todo o trabalho merece uma recompensa"*, o que significa que a remuneração é um conjunto complexo de benefícios "*tangíveis, intangíveis, variáveis e até emocionais*".

Não se trata apenas de um cheque de ordenado. **Rakotozafy, J P,** apoia a complexidade deste ditado, salientando: *"Há dores que merecem generosidade. O salário não se exprime apenas em termos de dinheiro. Pode ser um reconhecimento verbal, uma aceitação do serviço prestado".* (linternaute.fr, 2019)**.**

Com o objetivo de satisfazer as exigências de equidade, honestidade e transparência, a RDC aumentou o montante que atribui ao pagamento dos funcionários públicos. De acordo com o plano de autorizações orçamentais para 2023, publicado no seu sítio Web oficial, as dotações para a primeira instituição aumentaram cerca de 20% do orçamento anual de 2024, tal como analisado por actualite.cd ( www.actualite.cd, 2024).

Em abril de 2022, Lihau J.P., *Ministro da Função Pública*, anunciou um aumento de 30% dos rendimentos de todos os funcionários públicos. Mas também uma revisão em baixa do imposto sobre o rendimento profissional (IPR) de 15% para 3%, tanto para o sector privado como para o sector público (www.radiookapi.net, 2022).

Apesar destes progressos, a preocupação com o salário mínimo na RDC está ligada à situação económica do país. Com efeito, o salário mínimo foi sempre fixado em moeda local (o franco congolês), cujo valor está em constante desvalorização devido a factores políticos, económicos e, por vezes, jurídicos.

O incumprimento do valor legal do SMIG está a tornar-se uma verdadeira dor de cabeça entre empregadores e empregados, uma vez que um estabelece as condições de trabalho e o outro impõe o cumprimento rigoroso dos seus direitos (Juslain, 2020).

Estes factos não deixam o sector da saúde à margem, como demonstra o estudo realizado em 2022 pelos investigadores Mikonge, T., et al. Sobre a questão: "*Remuneração do pessoal do Hospital Geral de Referência de Bagira: zona sanitária da República Democrática do Congo*", o objetivo deste estudo era melhorar o bem-estar social dos trabalhadores da saúde em troca dos seus salários.

O resultado desta análise foi que a remuneração do pessoal do "*HGR/Bagira*" foi estabelecida de acordo com o nível e/ou grau, sendo que uma grande parte dos participantes recebia um salário baixo. Com estes factos, os investigadores constatam que as dificuldades de remuneração ainda persistem nos estabelecimentos de saúde

Isto vale o peso de ouro da nossa investigação, com vista a esclarecer os decisores políticos, os operadores económicos, bem como os representantes dos estratos comunitários, com vista a chegar a resoluções corretas.

## 2. Desvios de investigação

No que diz respeito ao nosso objeto de investigação, identificámos as discrepâncias da literatura em relação à dimensão da população que beneficia dos avanços na remuneração dos funcionários do Estado, ou seja, 1,450 *milhões de funcionários públicos, dos quais* 350 *mil estão em vias de se reformar. (actualite.cd, 2021)*

A constatação de um aumento salarial de cerca de 36% na instituição de referência do país, deve ser assinalada pelo facto de o referido aumento salarial não ter sido pago na sequência da desvalorização da moeda, uma consequência ligada à falta de um estudo financeiro de fundo realizado a este respeito, cujo impacto é que as decisões tomadas neste sentido são vistas como uma retórica populista pela parte mais desfavorecida da sociedade (actualite.cd, 2024).

Ainda no mesmo capítulo, no que diz respeito à abordagem metodológica, os instrumentos de recolha utilizados não reflectem a validade ou fiabilidade dos resultados, tornando-os menos credíveis e intransmissíveis.

O orçamento atribuído a este sector progride a passo de caracol: de 2009 a 2019, o orçamento atribuído foi de 0,29% e apenas evoluiu numa margem de 0,30% durante esta década. Prevê-se um aumento de 3% para este sector no exercício de 2024 (ACP, 2023).

## 3. Método de investigação

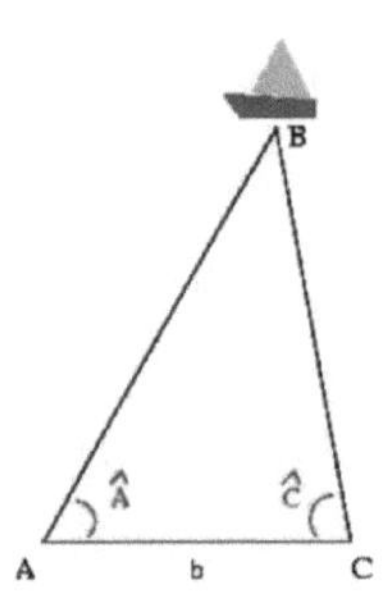


Dada a complexidade do nosso estudo, optámos pelo método da triangulação. Esta escolha justifica-se pelas seguintes razões estratégicas: o objetivo é tirar partido das duas abordagens:

- *A dimensão da amostra é crucial para captar as caraterísticas sociodemográficas dos inquiridos através de uma forma estruturada (probabilística aleatória simples) para obter dados estatísticos fiáveis, credíveis e válidos que garantam uma transferibilidade (quantitativa) irrefutável.*

- *Identificar a forma como os inquiridos e os entrevistadores percepcionam subjetivamente o fenómeno que é objeto do nosso estudo* (fastercapital.com, 2023).

- *Este método facilita, comprovadamente, a análise experimental dos recursos de gestão (humanos, financeiros, materiais, tempo, etc.) num sector com um impacto social (qualitativo) específico.*

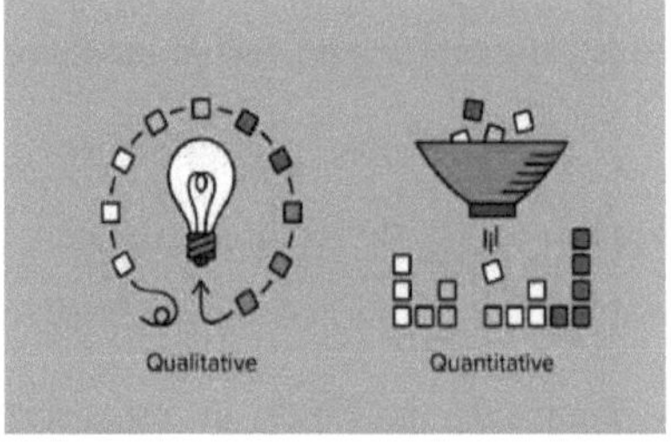


Com base nas evidências acima enumeradas, a nossa escolha decorre do carácter compensatório deste método, que favorece a atenuação de todos os tipos de discrepâncias observadas através da combinação dos resultados das diferentes ferramentas (Baribeau & Chantal Royer, 2012).

## 4. Possíveis enviesamentos de amostragem

Para este estudo, é de notar que é provável que se verifiquem enviesamentos de resposta e de não-resposta. Para remediar esta situação, as perguntas utilizadas

para criar o formulário estruturado requerem essencialmente o anonimato, a fim de evitar qualquer subjetividade ou qualquer forma de influência sobre os inquiridos.

Dado que a recolha de dados será efectuada em estrita conformidade com as normas éticas (anonimato...), garantindo a privacidade do investigador e dos participantes para evitar qualquer forma de pressão sobre eles e evitar o viés de conformidade (voxco.com, 2023).

## 5. Garantia de padrões éticos

A preocupação com a segurança dos participantes na investigação científica sempre esteve no coração dos académicos.

Assim, as considerações éticas durante a investigação continuam a estar no centro de muitas discussões com vista a estabelecer a responsabilidade do investigador e a garantir a integridade física e psicológica, bem como a privacidade do investigador e dos participantes, antes, durante e após as investigações.

É por estas razões que toda a investigação deve passar por um comité de ética em investigação (CEP), porque quando a investigação envolve seres humanos, o investigador precisa do parecer favorável do comité (Lambert-Chan, M., 2018).

Hoje em dia, os desdobramentos da teleciência e da investigação científica têm saídas tecnológicas, ao mesmo tempo que estes avanços reduzem o carácter absoluto dos valores éticos. Para citar Delfosse: *"as consequências de uma ação, próximas ou longínquas, influenciam a qualidade da vida individual e social"*. (Delfosse, 1993).

## Referências


Actualite.cd. (2021, 6 de outubro). [Artigo de notícias]. Recuperado de https://actualite.cd/2021/10/06/rdc-avec-1450000-fonctionnaires-et-un-nombre-important-des- fictitious-jp-lihau-said-militer

Actualite.cd. (2024, 7 de março). [Artigo de atualidade]. Recuperado de https://actualite.cd/2024/03/07/rdc-avec-une-augmentation-de-pres-de-20-de-son-budget-annuel- em-2024-a-presidência-da

ACP. (2023, 29 de agosto). [Article de nation]. Recuperado de http s ://acp. cd/nation/la-rdc-ambiti onne- de-consacrer-3-du-budget-2024-a-linnovation-technologique/

Baribeau, C. e Royer, C. (2012). L'entretien individuel en recherche qualitative : usages et modes de présentation dans la Revue des sciences de l'éducation. *Revue des sciences de l'éducation* , 38(1), 23-45. Obtido em https://www.erudit.org/en/journals/rse/2012-v38-n1- rse0675/1016748ar/

Quickcapital.com. (2023, 12 de dezembro). [Artigo de conteúdo]. Recuperado de https://fastercapital.com/fr/contenu/Triangulation--renforcement-des-resultats-de-l-analyse- qualitativa.html#:~:text=Há%20quatro%20tipos%20principais, vários%20tipos%20e%20tipos%20. 20sources%20de%20donn%C3%A9es%20pour

Juslain, New Brunswick (2020). [Artigo de revisão]. Obtido em https://www.nomos- elibrary.de/10.5771/2363-6262-2020-2-299.pdf

Linternaute.fr. (2019, 7 de fevereiro). [Provérbio]. Recuperado de https://www.linternaute.fr/proverbe/705/toute-peine-merite-salaire/

Radiookapi.net. (2022, 20 de abril). [Artigo político]. Recuperado de https://www.radiookapi.net/2022/04/20/actualite/politique/rdc-le-gouvernement-augmente-de- 30-o-salário-de-base-dos-que

Voxco.com. (2023). [Blog post]. Recuperado de https://www.voxco.com/fr/blog/types-de- response-bias-how-to-make-them-evite/

# Ética e responsabilidade social no desenvolvimento de estratégias empresariais

**Resumo**

Este artigo explora o impacto crescente da *"ética e* da *responsabilidade social das empresas"* (RSE) na política empresarial, face às crescentes expectativas das partes interessadas relativamente a um comportamento ético e a um contributo positivo para a sociedade. Analisa os principais enquadramentos conceptuais da RSE, como a teoria das partes, a criação de valor partilhado e o comércio justo, que esclarecem as interações complexas entre as organizações e a sociedade.

Em seguida, examina os instrumentos e mecanismos de gestão da ética e da RSE utilizados pelas empresas. Estes incluem códigos de conduta, declarações de missão e valores, programas de formação em ética, gestão integrada dos riscos, consulta das partes interessadas, auditoria e contabilidade da sustentabilidade e utilização de tecnologias avançadas, como a análise de dados e a inteligência artificial.

O artigo sublinha a importância de integrar estas ferramentas e mecanismos de forma holística na política global do sector. Destaca também os desafios que continuam a colocar-se, como a medição do impacto, a gestão de dilemas éticos complexos e a adaptação à evolução das expectativas da sociedade.

Além disso, as empresas que se comprometem com uma abordagem ética e verdadeiramente responsável podem posicionar-se como actores-chave na sustentabilidade e na equidade, contribuindo para um mundo mais sustentável e equitativo. A adaptação constante, a inovação e a implementação de práticas responsáveis são essenciais para garantir o sucesso a longo prazo das empresas num contexto económico e social em mutação.

**Palavras-chave:** Ética; RSE; Desenvolvimento de estratégias empresariais

## 1. Introdução

No atual contexto económico, a integração da ética e da RSE tornou-se um imperativo para as estratégias empresariais modernas. As empresas enfrentam expectativas crescentes das suas partes interessadas relativamente a um comportamento ético e a uma contribuição positiva para a sociedade (Carroll & Brown, 2018).

Este artigo analisa os diferentes instrumentos e mecanismos utilizados pelas empresas para gerir a ética e a RSE, bem como os quadros conceptuais para compreender as trocas entre as empresas e a sociedade.

## 2. Teorias e quadros conceptuais da RSE

A teoria das partes interessadas, originalmente desenvolvida por Freeman (1984), continua a ser um quadro concetual fundamental para compreender as interações entre as empresas e a sociedade. De acordo com esta teoria, as empresas têm responsabilidades para com um vasto leque de partes interessadas, para além dos simples acionistas (Freeman et al., 2020). Esta abordagem conduz a uma visão mais holística do desempenho das empresas, tendo em conta os aspectos ESG.

O conceito de "criação de valor partilhado" proposto por (Porter & Kramer, 2019) sugere que as empresas podem criar simultaneamente valor económico e social, identificando e explorando os pontos de intersecção entre as suas actividades e as necessidades da sociedade. Esta perspetiva oferece uma forma de conciliar os objectivos de lucro com os imperativos da responsabilidade social.

O "comércio justo" evoluiu para abranger não só práticas de comércio justo nas cadeias de abastecimento globais, mas também considerações mais amplas para promover a equidade e a sustentabilidade em todas as suas operações. (Raynolds, 2018).

As "alianças verdes" representam parcerias estratégicas entre empresas, ONG e outras partes para promover a sustentabilidade ambiental (Wassmer & al., 2017).

## 2.1. Ferramentas e mecanismos para promover a ética e a RSE nas empresas.

✓ **Declarações de missão e de valores:** As declarações de missão e de valores contêm o objetivo e os princípios fundamentais que orientam as acções da organização. Estudos recentes demonstraram que declarações de missão e de valor bem redigidas e autênticas podem impulsionar a empresa para um melhor desempenho ético e financeiro (Chun & al., 2019). Para serem eficazes, estas declarações devem refletir um verdadeiro motor de mudança na cultura e nas práticas da empresa.

✓ **Códigos de ética:** Os códigos de ética são um conjunto formalizado de regras e princípios éticos que os trabalhadores e os gestores de uma organização são obrigados a respeitar.

✓ De acordo com (Kaptein, 2019), os códigos mais eficazes são aqueles que são específicos às particularidades da empresa e do seu mercado, em vez de documentos genéricos. A eficácia de um código de ética depende em grande medida da sua implementação, que requer uma comunicação clara, formação regular e um compromisso visível por parte da direção (Trevino & al., 2020).

✓ **Métodos de comunicação e aconselhamento:** Os mecanismos de comunicação e aconselhamento são essenciais para uma gestão eficaz da ética e da RSE nas empresas. As linhas diretas de ética, em particular, proporcionam um espaço para os trabalhadores comunicarem preocupações éticas seguras sem receio de retaliação. Uma investigação realizada por (Lee & Xiao, 2018) revela que as empresas que se equipam com linhas de apoio eficazes e facilmente acessíveis registam um desempenho financeiro mais forte e uma cultura empresarial mais saudável. Estes canais apresentam transparência e confiança, permitindo que os trabalhadores comuniquem com segurança comportamentos não éticos.

- ✓ **Avaliação dos riscos climáticos:** Com a crescente atenção dada às alterações climáticas, muitas empresas estão agora a integrar a avaliação dos riscos climáticos no seu processo global de gestão dos riscos. Um estudo realizado por (Kouloukoui, Christopoulos, & Tsoumas, 2019) salientou a importância desta prática para iniciar uma transição para empresas mais sustentáveis e resilientes às alterações climáticas.

- ✓ **Gestão integrada do risco**: Cada vez mais empresas estão a adotar uma abordagem colaborativa da gestão do risco, envolvendo todos os departamentos da empresa, que integra os riscos éticos e de RSE juntamente com os riscos financeiros, operacionais e estratégicos tradicionais. De acordo com um estudo de (Flage, & Aven, 2015), esta abordagem permite uma melhor compreensão das interligações entre os diferentes tipos de risco e possibilita uma tomada de decisões mais estratégica e informada.

- ✓ **Tecnologias avançadas :** A IA e a análise de dados estão a abrir novas vias para uma gestão mais responsável e sustentável da ética e da RSE. Estas ferramentas permitem identificar e analisar os riscos em maior profundidade e com maior capacidade de previsão. A IA pode automatizar a análise de dados volumosos e fornecer informações preditivas, enquanto a análise de dados permite quantificar com maior exatidão os impactos ambientais e o comportamento das partes interessadas. Um estudo efectuado por (Scherer, 2016) sublinha a capacidade destas tecnologias para identificar tendências ocultas.

- ✓ No entanto, a utilização da IA e da análise de dados levanta questões éticas cruciais. É essencial garantir uma utilização responsável e transparente destas tecnologias, respeitando a privacidade e evitando a discriminação. A integração destas tecnologias na gestão da ética e da RSE oferece um potencial significativo para as indústrias empenhadas numa abordagem responsável e sustentável.

✓ **Educação e formação em ética:** Para incorporar a ética e a RSE nas práticas quotidianas, é essencial formar os trabalhadores nestes conceitos e equipá-los para tomarem decisões éticas. Estudos recentes destacam a importância de programas de formação formais, contínuos e adaptados (Warren & al., 2014), complementados por abordagens de e-learning (Trevino et al., 2020). A integração de considerações éticas na formação específica da função (Schwartz, 2018) e a utilização de dilemas éticos são práticas eficazes. Os programas de formação são adaptados às necessidades específicas dos quadros superiores e à integração de novos trabalhadores (Kaptein, 2019). A avaliação regular da produtividade dos planos e a promoção de uma cultura de aprendizagem contínua são essenciais para incorporar a ética na cultura organizacional.

✓ **Consulta das partes interessadas e parcerias:** A consulta das partes interessadas e o desenvolvimento de parcerias tornaram-se elementos-chave da gestão ética e da RSE. (Freudenreich, Gond, & Mourrain, 2020) salientam a importância do envolvimento proactivo e contínuo das partes interessadas para melhorar o desempenho da sustentabilidade. (Civera, Mele, & Schrempf-Stirling, 2019) propõem um quadro de avaliação do envolvimento baseado na transparência, na inclusão e na capacidade de resposta.

✓ Os métodos de consulta variam, com uma tendência para abordagens mais colaborativas (Testa & al., 2018). As parcerias estratégicas, incluindo com a sociedade civil, são cruciais para enfrentar desafios complexos em matéria de sustentabilidade (Dentoni & al., 2018; van Tulder & Keen, 2018).

✓ No entanto, subsistem considerações éticas, como o risco de manipulação das partes envolvidas (Crane & al., 2019) e os desequilíbrios de poder nas parcerias (H0vring, 2017).

✓ **Auditoria, contabilidade e relatórios:** A auditoria, a contabilidade e os relatórios éticos e de RSE evoluíram consideravelmente nos últimos anos. (Mion & Loza Adaui, 2019) registam uma normalização acumulada dos relatórios de RSE, melhorando a sua comparabilidade.

(Stubbs & Higgins, 2018) destacam o surgimento de relatórios integrados para uma visão holística da criação de valor. (Boiral, Cornelissen, & Maignan, 2019) identificam desafios na garantia de informações não financeiras. (Schaltegger & Burritt, 2017) propõem um quadro para a contabilidade da sustentabilidade, enquanto (Bebbington, & Unerman, 2018) exploram o seu papel na consecução dos ODS.

(Michelon, Delmas, & Hoffman, 2020) destacam problemas persistentes com a qualidade e a fiabilidade da informação. As iniciativas regulamentares, como a diretiva europeia NFRD, visam melhorar a transparência e a responsabilidade das empresas em termos de RSE.

## 3. Conclusão

A ética e a RSE tornaram-se elementos essenciais para o sucesso empresarial a longo prazo. Ao integrar a ética e a RSE na sua estratégia global, as empresas podem não só melhorar o seu posicionamento e reforçar o seu capital de confiança, mas também criar valor que satisfaça as necessidades de todos. O panorama da ética e da RSE está em constante evolução, exigindo adaptação e inovação contínuas. As empresas que assumem um compromisso genuíno com esta abordagem poderão posicionar-se como actores responsáveis e contribuir para um mundo mais sustentável e equitativo.

## Referências


Bebbington, , J., & Unerman,, J. ( 2018). *Contabilidade e relatórios de sustentabilidade.* Routledge.

Boiral, O., Cornelissen, T., & Maignan, I. (2019). um campo emergente. Journal of Business Ethics. *Garantia de relatórios de sustentabilidade 158 (3)*, 575-596.

Carroll,, A., & Brown, S. (2018). *Negócios e sociedade: ética, sustentabilidade e gestão das partes interessadas.* Pearson Education.

Chun,, RY, , Lee,, Park, , CW, , & Chung,, N. (2019). O papel da declaração de missão e da declaração de valor no comportamento ético corporativo. *Journal of Business Ethics 155 (3)*, 623-643.

Civera,, P., Mele,, D., & Schrempf-Stirling,, J. (2019). Uma estrutura de engajamento das partes interessadas para a sustentabilidade corporativa. *Estratégia de Negócios e Meio Ambiente , 28 (8)*, 1472-1486.

Crane,, A., Matten,, D., & Glozer,, S. (2019). *Ética empresarial: gerindo a cidadania empresarial e a sustentabilidade no século XXI* . Oxford University Press.

Dentoni,, D., Gômez-Me^a,, LR,, & Nunez-Nickel,, M. (2018). O futuro da responsabilidade social das empresas . *Horizontes Empresariais , 61 (1)*, 47-56.

Flage,, R., & Aven, T. (2015). Integrar os riscos éticos na gestão integrada do risco: um quadro para avaliar e gerir os riscos éticos. *Journal of Business Ethics , 129 (1)*, 21-34.

Freeman, R. (1984). *Strategic management: a partnership approach.* Pitman.

Freeman, RE, Harrison, JS, Wicks, AC, . . . BL. (2020). Teoria das partes interessadas: o estado da arte. . *Journal of Management Studies , 57 (1)*, , 1-23.

Freudenreich,, H., Gond,, J.-P., & Mourrain,, J.-M. (2020). Sustentabilidade empresarial e envolvimento das partes interessadas: uma revisão crítica e uma agenda de investigação. *Journal of Business Ethics , 164 (2)*, 235-253.

HOvring, P. (2017). Responsabilidade social das empresas e relações de poder: uma análise crítica. *Business Ethics Quarterly , 27 (2)*, 191-218.

Kaptein, M. (2019). *Códigos de conduta: um guia prático para desenvolver e implementar diretrizes éticas* . Routledge.

Kouloukoui, A., Christopoulos, D., & Tsoumas, C. (2019). Avaliação do risco de alterações climáticas no sector da energia: uma revisão dos quadros existentes. *Política Energética 132* , 43-58.

Lee, J., & Xiao, J. (2018). O impacto da linha direta ética no desempenho financeiro: evidências de empresas chinesas listadas. *Journal of Business Ethics , 152 (4)*, 807-820.

Michelon, G., Delmas, M., & Hoffman, A. (2020). The accuracy and completeness of sustainability reporting: a meta-analysis of existing research. *Journal of Business Ethics , 162 (1)*, 137-160.

Mion, S., & Loza Adaui, C. (2019). Relatórios de responsabilidade social corporativa: uma revisão da literatura. *Journal of Business Ethics 157 (4)*, 969-997.

Porter, M., & Kramer, M. (2019). *Criar valor partilhado: como reinventar o capitalismo e desencadear uma onda de inovação e crescimento.* Harvard Business Review Press.

Raynolds, L. (2018). *Comércio justo: o movimento, o mercado e o futuro.* Imprensa da Universidade de Cornell.

Schaltegger, S., & Burritt, R. (2017). *Sustainability accounting and reporting.* Routledge.

Scherer, A. (2016). Big data e tomada de decisão ética: o uso da inteligência artificial na ética empresarial. *Journal of Business Ethics 134 (2)*, 245-257.

Schwartz, M. (2018). *Responsabilidade social das empresas: uma perspetiva de gestão.* Routledge.

Stubbs, W., & Higgins, C. (2018). *Relato integrado: um guia para criar valor* . John Wiley & Sons.

Testa, F., Conti, F., & Di Vaio, A. (2018). Responsabilidade social corporativa e engajamento das partes interessadas: uma revisão sistemática da literatura. *Sustentabilidade , 10 (10)*, 3693.

Trevino, LK, Brown, ME, Hartman, & LP. (2020). *Gerir a ética no local de trabalho: uma abordagem integrada.* Wiley.

van Tulder, R., & Keen, M. (2018). *Negócios globais e sustentabilidade.* Routledge.

Warren, DA, Snell, SA, Chen, & PY. (2014). *Ética nos negócios: um guia para a tomada de decisões* . Pearson Education.

Wassmer, R., Pacheco, PAA, Lopes, & AG. (2017). Alianças verdes: uma revisão e agenda de pesquisa. *Journal of Cleaner Production , 142*, 3417-3430.

# Conclusão geral

Esta coleção de artigos de investigação conclui salientando o papel crucial e interligado das considerações éticas e das metodologias sólidas para garantir a validade, a fiabilidade e o impacto social dos esforços de investigação. Os vários estudos apresentados, que abrangem abordagens metodológicas, enquadramentos éticos e aplicações práticas, convergem na mensagem geral de que a investigação responsável não é apenas uma questão de adesão a diretrizes, mas sim um compromisso fundamental com a integridade intelectual e a justiça social.

O tema recorrente do pluralismo metodológico realça os limites da utilização de abordagens singulares para responder a questões de investigação complexas. Os artigos demonstram de forma convincente que a integração de métodos qualitativos e quantitativos, associada a técnicas como a triangulação, melhora consideravelmente a riqueza e a robustez dos resultados da investigação. Esta abordagem reconhece as complexidades inerentes aos fenómenos sociais e a necessidade de ter em conta múltiplas perspectivas para obter uma compreensão mais matizada e abrangente. A defesa continuada de abordagens de métodos mistos reflecte um afastamento de dicotomias metodológicas simplistas para uma compreensão mais sofisticada e pragmática da conceção da investigação.

Além disso, a ênfase colocada nas considerações éticas vai para além do mero cumprimento dos regulamentos. Os artigos sublinham sistematicamente a profunda responsabilidade dos investigadores na proteção do bem-estar e dos direitos dos participantes. O consentimento informado, a confidencialidade dos dados e a prevenção de enviesamentos são consistentemente destacados como preocupações primordiais, reflectindo uma consciência crescente do potencial de danos, diretos e indirectos, decorrentes das práticas de investigação. A exploração dos dilemas éticos associados às tecnologias emergentes, como a IA, realça a necessidade urgente de orientações éticas adaptáveis e viradas para o futuro que respondam aos novos desafios e atenuem os potenciais danos.

O estudo de caso sobre as políticas de remuneração no sector da saúde pública na RDC ilustra de forma convincente as consequências práticas das deficiências metodológicas e éticas. Demonstra o impacto profundo que uma conceção inadequada da investigação, um acesso limitado aos recursos e considerações éticas insuficientes podem ter nas populações vulneráveis. O estudo sublinha que a investigação responsável não é apenas um exercício académico, mas um instrumento crucial para promover a justiça social e dar um contributo significativo para melhorar a vida humana.

Em conclusão, esta coleção de artigos demonstra com êxito a interação crítica entre o rigor metodológico e as considerações éticas no desenvolvimento de práticas de investigação responsáveis. Ao sublinhar os limites das abordagens simplistas, ao realçar o papel crucial dos quadros éticos e ao ilustrar o impacto real das decisões de investigação, estes estudos fornecem informações valiosas aos investigadores, aos decisores políticos e a todos os que desejem contribuir para a produção de conhecimentos de uma forma ética e responsável. As diversas perspectivas apresentadas sublinham, em última análise, a necessidade de um empenhamento contínuo na autorreflexão crítica, na sofisticação metodológica e numa dedicação inabalável aos mais elevados padrões de conduta ética em todos os trabalhos de investigação.

# Índice

Printed by Books on Demand GmbH, Norderstedt / Germany